T0152147

CPSIA information can be obtained
at www.ICGtesting.com
Printed in the USA
JSHW070925070223
37365JS00001B/2

9 780874 419368

Let's Talk Now!

MORE!

Modern Hebrew for Teens

By
Nili Ziv

Illustrations by
Scott Burroughs

BEHRMAN HOUSE
www.behrmanhouse.com

To my beloved Avi
-N.Z.

Designer: Senja Lauderdale
Project Editor: Ann D. Koffsky

Copyright © 2015 Behrman House, Inc.

Millburn, New Jersey

www.behrmanhouse.com

ISBN: 978-087441-936-8

Printed in the United States of America

CONTENTS

1 אָבִי בָּא לְיִשְׂרָאֵל

Avi lands in Ben Gurion Airport in Israel, and is met by his cousin Keren, and Keren's mother and father.

אָבִי נוֹסֵעַ לַדוֹד וְלַדוֹדָה בְּיִשְׂרָאֵל.

אָבִי נוֹסֵעַ מִנְיוּ יוֹרְק לְתֵל אָבִיב.

הוּא בָּא לְ"בֶּן גוּרְיוֹן."

הוּא רוֹאֶה אֶת קֶרֶן.

הִיא בַּת דוֹדָה שֶׁל אָבִי.

קֶרֶן: שָׁלוֹם אָבִי.

אָבִי: שָׁלוֹם קֶרֶן.

אִמָּא וְאַבָּא: שָׁלוֹם אָבִי, מַה שְּׁלוֹמְךָ?

אָבִי: טוֹב, תּוֹדָה.

אַבָּא: אָבִי, יֵשׁ לְךָ תִּיק גָּדוֹל?

אָבִי: יֵשׁ לִי תִּיק גָּדוֹל וְתִיק קָטָן.

אַבָּא: **תֵּן לִי אֶת הַתִּיק הַגָּדוֹל.**

אַבָּא רוֹצֶה לָשִׂים אֶת הַתִּיק הַגָּדוֹל בַּמּוֹנִית,
אֲבָל אֵין מָקוֹם.
הַתִּיק גָּדוֹל וְהַמּוֹנִית קְטַנָּה!

אִמָּא: **צָרִיךְ מוֹנִית גְּדוֹלָה.**

הֵם נוֹסְעִים בְּמוֹנִית גְּדוֹלָה לְתֵל אָבִיב.

אָבִי: **יֵשׁ פֹּה הַרְבֵּה בָּתִּים.**

קֶרֶן: **כֵּן, הַרְבֵּה אֲנָשִׁים גָּרִים בְּתֵל אָבִיב.**

אָבִי: **אֵיפֹה הַבַּיִת שֶׁלָּךְ?**

קֶרֶן: **זֶה הַבַּיִת שֶׁלִּי.**

אָבִי: **זֶה בַּיִת גָּדוֹל.**

קֶרֶן: **כֵּן, יֵשׁ פֹּה עֶשֶׂר דִּירוֹת.**

אָבִי: **אַתְּ גָּרָה לְמַעְלָה אוֹ לְמַטָּה?**

מִלּוֹן

הוּא	he	לְמַטָּה	down
הִיא	she	תֵּן לִי/תְּנִי לִי	give me(m/f)
הֵם	they	מִטְבָּח	kitchen
קָטָן/קְטַנָּה	small(m/f)	אֲרוּחַת עֶרֶב	dinner
דִּירָה/דִּירוֹת	apartment(s)	הוֹלְכִים	go
לְמַעְלָה	up		

קֶרֶן: אֲנַחְנוּ גָּרִים בְּדִירָה מִסְפָּר שֶׁבַע.

אָבִי: יֵשׁ פֹּה הַרְבֵּה יְלָדִים?

קֶרֶן: כֵּן, הַרְבֵּה חֲבֵרִים שֶׁלִּי גָּרִים פֹּה.
הֵם בָּאִים לְדִירָה מִסְפָּר שֶׁבַע.

קֶרֶן: זֶה הַחֶדֶר שֶׁלִּי.

אִמָּא: וְזֶה הַחֶדֶר שֶׁל אָבִי.

אַבָּא: וְזֶה הַמִּטְבָּח שֶׁל כֹּל הַמִּשְׁפָּחָה.

אִמָּא: אָבִי, אַתָּה רוֹצֶה לֶאֱכוֹל אוֹ לִשְׁתּוֹת?

אָבִי: אֲנִי רוֹצֶה מַיִם, בְּבַקָּשָׁה.

אִמָּא: הִנֵּה מַיִם.

קֶרֶן: אִמָּא, הַחֲבֵרִים שֶׁלִּי רוֹצִים לִרְאוֹת אֶת אָבִי.

אִמָּא: אַתֶּם לֹא רוֹצִים לֶאֱכוֹל?

קֶרֶן: לֹא עַכְשָׁו אִמָּא, אֲנַחְנוּ הוֹלְכִים
לְשַׂחֵק עִם הַחֲבֵרִים.

אִמָּא: בְּסֵדֶר. אֲרוּחַת עֶרֶב בְּשָׁעָה שֶׁבַע!

קֶרֶן: לְהִתְרָאוֹת אִמָּא.

Avi Travels to Israel

הֵם	הוּא	הִיא

Circle the correct Hebrew word in each sentence.

1. אָבִי נוֹסֵעַ לְיִשְׂרָאֵל.

הִיא / הוּא / הֵם נוֹסֵעַ בְּאֶל עַל.

2. קֶרֶן רוֹצָה לְשַׂחֵק.

הִיא / הוּא / הֵם רוֹצָה לְשַׂחֵק עִם הַחֲבֵרִים.

3. אִמָּא וְאַבָּא רוֹצִים לֶאֱכוֹל.

הִיא / הוּא / הֵם רוֹצִים לֶאֱכוֹל פֵּרוֹת.

4. אָבִי אוֹהֵב כַּדּוּרְסַל.

הִיא / הוּא / הֵם אוֹהֵב גַּם כַּדּוּרֶגֶל.

5. קֶרֶן גָּרָה בְּיִשְׂרָאֵל.

הִיא / הוּא / הֵם גָּרָה בְּתֵל אָבִיב.

6. אָבִי בָּא לְתֵל אָבִיב.

הִיא / הוּא / הֵם נוֹסֵעַ בְּמוֹנִית.

Up, Down, or Next To

Draw a line from the picture to the correct phrase.

הַכַּדּוּר לְמַעְלָה

הַכַּדּוּר לְמַטָּה

הַכַּדּוּר עַל יַד

What's in Each Apartment?

Write the number of each Hebrew word next to its matching object.

דֶּגֶל	4	כּוֹבַע	3	תִּיק	2	מַתָּנָה	1
פֵּרוֹת	8	קָפֶה	7	כַּדּוּר	6	דָּגִים	5

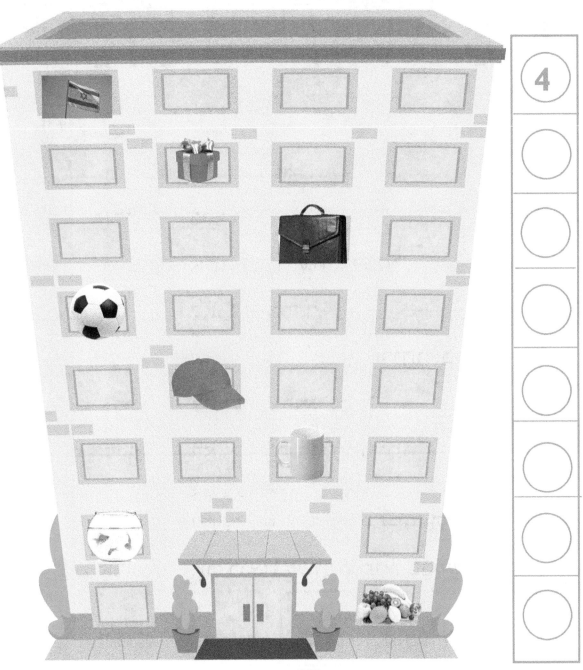

בֹּקֶר טוֹב 2

Avi has an Israeli breakfast.

אָבִי: בֹּקֶר טוֹב.

קֶרֶן: אַתָּה רוֹצֶה עוֹד לִישׁוֹן?

אָבִי: לֹא, אֲנִי בְּסֵדֶר.

קֶרֶן: אַתָּה רוֹצֶה לֶאֱכוֹל אֲרוּחַת-בֹּקֶר?

אָבִי: כֵּן, יֵשׁ פִּצְפּוּצֵי אֹרֶז?

קֶרֶן: לֹא, יֵשׁ לֶחֶם וְלַחְמָנִיּוֹת.

אָבִי בָּא לַמִּטְבָּח.
בַּמִּטְבָּח הוּא רוֹאֶה: בֵּיצִים, גְּבִינָה, וְסָלָט.

אָבִי: אֲנִי רוֹצֶה לִשְׁתּוֹת מִיץ, בְּבַקָּשָׁה.

קֶרֶן: הִנֵּה מִיץ.

אָבִי: תּוֹדָה.

קֶרֶן: אֲבָל מַה אַתָּה רוֹצֶה לֶאֱכוֹל?

אָבִי: מַה, אֵין קוֹרְן פְלֵיקְס?

קֶרֶן: אֵין קוֹרְן פְלֵיקְס, אֲבָל יֵשׁ חָלָב.

אָבִי: טוֹב, אֲנִי רוֹצֶה לַחְמָנִיָּה עִם חָלָב.

קֶרֶן: אַתָּה לֹא רוֹצֶה סָלָט?

אָבִי: סָלָט בַּבֹּקֶר? אֲנִי אוֹכֵל סָלָט בָּעֶרֶב.

קֶרֶן: אֶפְשָׁר לֶאֱכוֹל סָלָט גַּם בַּבֹּקֶר וְגַם בָּעֶרֶב.

אָבִי: בְּאָמֶרִיקָה אוֹכְלִים סָלָט בָּעֶרֶב וְגַם בַּצָּהֳרַיִם.

קֶרֶן: עַכְשָׁו אַתָּה בְּיִשְׂרָאֵל וְלֹא בְּאָמֶרִיקָה.

אָבִי אוֹכֵל לַחְמָנִיָּה עִם גְּבִינָה.
אַחַר-כָּךְ הוּא אוֹכֵל בֵּיצָה,
וְאַחַר-כָּךְ הוּא אוֹכֵל גַּם סָלָט.

מִלּוֹן

cheese	גְּבִינָה	to sleep	לִישׁוֹן
salad	סָלָט	breakfast	אֲרוּחַת בֹּקֶר
evening	עֶרֶב	crispy rice	פְּצְפּוּצֵי אֹרֶז
noon	צָהֳרַיִם	bread	לֶחֶם
later	אַחַר-כָּךְ	rolls	לַחְמָנִיּוֹת
already	כְּבָר	egg(s)	בֵּיצָה/בֵּיצִים

קֶרֶן: אָבִי, הָאֹכֶל טוֹב?

אָבִי: הָאֹכֶל טוֹב מְאֹד. גַּם מָחָר אֲנִי רוֹצֶה לֶאֱכוֹל בֵּיצָה וְסָלָט בַּבֹּקֶר.

קֶרֶן: אֲנִי רוֹאָה שֶׁאַתָּה כְּבָר כְּמוֹ יִשְׂרְאֵלִי.

אָבִי: אֲנִי צָרִיךְ לִכְתּוֹב לַמִּשְׁפָּחָה שֶׁלִּי בְּאָמֶרִיקָה מַה אֲנִי אוֹכֵל פֹּה בַּבֹּקֶר.

קֶרֶן: אֲנִי רוֹצָה לִשְׁמוֹעַ מַה הֵם אוֹמְרִים.

What's for Breakfast?

Select four breakfast foods that Americans and Israelis each typically eat, and write their numbers in the appropriate boxes.

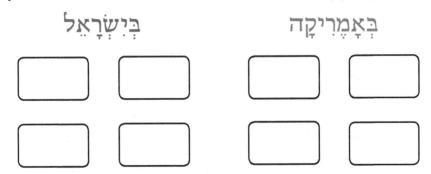

בְּיִשְׂרָאֵל	בְּאָמֶרִיקָה

Breakfast		אֲרוּחַת-בֹּקֶר
3 לַחְמָנִיּוֹת	2 לֶחֶם	1 פֵּרוֹת
6 בֵּיצָה	5 קוֹרְן פְלֵיקְס	4 בֵּיגֶל
9 פְּצְפּוּצֵי אֹרֶז	8 סָלָט	7 פִּיצָה
12 פֶּנְקֵייקְס	11 גְבִינָה	10 בּוּרִיטוֹ

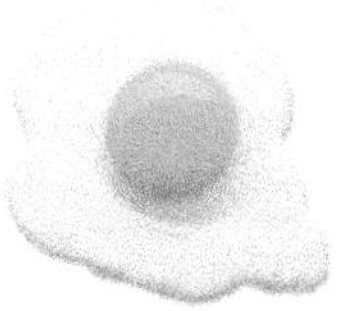

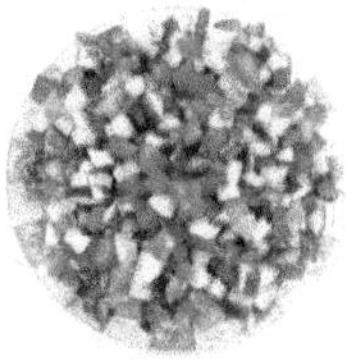

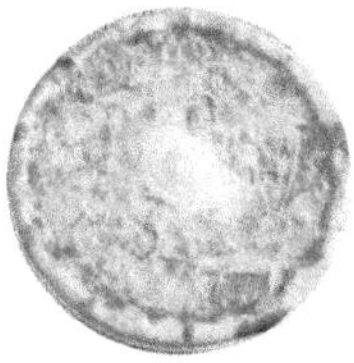

To Drink or to Eat

לִשְׁתּוֹת

or

אוֹ

לֶאֱכוֹל

Circle the fork or the cup to indicate
לֶאֱכוֹל or לִשְׁתּוֹת in each sentence below.

1. אֲנִי רוֹצֶה גְּבִינָה.

2. אַתְּ רוֹצָה מִיץ?

3. אַתָּה רוֹצֶה חָלָב?

4. אֲנִי רוֹצָה סָלָט.

5. אֲנִי רוֹצֶה לֶחֶם.

6. אַתָּה רוֹצֶה קָפֶה?

7. אַתְּ רוֹצָה תֵּה?

8. אֲנִי רוֹצָה מַיִם.

He, She, or They?

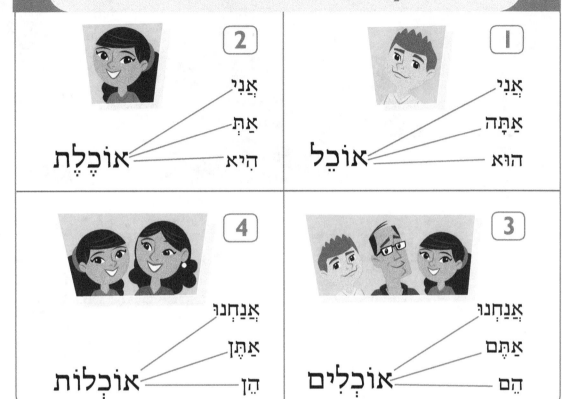

1

אֲנִי
אַתָּה
הוּא
→ אוֹכֵל

2

אֲנִי
אַתְּ
הִיא
→ אוֹכֶלֶת

3

אֲנַחְנוּ
אַתֶּם
הֵם
→ אוֹכְלִים

4

אֲנַחְנוּ
אַתֶּן
הֵן
→ אוֹכְלוֹת

Complete the sentences below with the number(s) of the correct verb(s).

1. אֲנִי ________ לֶחֶם.
2. אַתְּ ________ לֶחֶם.
3. הֵם ________ לֶחֶם.
4. אֲנַחְנוּ ________ סָלָט.
5. אַתָּה ________ סָלָט.
6. הִיא ________ סָלָט.
7. אֲנִי ________ בֵּיצָה.
8. אַתֶּם ________ בֵּיצָה.
9. הוּא ________ בֵּיצָה.
10. אֲנַחְנוּ ________ גְּבִינָה.
11. אַתְּ ________ גְּבִינָה.
12. הוּא ________ גְּבִינָה.

יַרְדֵן בָּא מֵהַצָּבָא 3

Avi meets Yarden, Keren's older brother.

הַיּוֹם יוֹם שִׁישִׁי.

קֶרֶן:	יֵשׁ לִי אָח גָּדוֹל. הַשֵּׁם שֶׁלּוֹ יַרְדֵן.
אָבִי:	לִי יֵשׁ אָחוֹת גְּדוֹלָה. הַשֵּׁם שֶׁלָּה שָׁרוֹן.
קֶרֶן:	אָבִי, הַיּוֹם אָח שֶׁלִּי בָּא.
אָבִי:	מֵאֵיפֹה הוּא בָּא?
קֶרֶן:	הוּא בָּא מֵהַצָּבָא.
אָבִי:	הוּא לֹא גָּר פֹּה בַּבַּיִת?

קֶרֶן: לֹא, הוּא חַיָּל.

אָבִי: הוּא לֹא בָּא כָּל יוֹם?

קֶרֶן: לֹא. יַרְדֵן לֹא בָּא כָּל יוֹם, יַרְדֵן גָּר בַּבָּסִיס.

אָבִי: גַּם אָחוֹת שֶׁלִי לֹא גָּרָה בַּבַּיִת. שָׁרוֹן בָּאוּנִיבֶרְסִיטָה.

קֶרֶן: בְּיִשְׂרָאֵל כָּל אֶחָד הוֹלֵךְ לַצָּבָא לִפְנֵי הָאוּנִיבֶרְסִיטָה.

אִמָּא: אֲנִי רוֹצָה לִרְאוֹת אֶת יַרְדֵן הַחַיָּל!

אַבָּא: גַּם אֲנִי.

קֶרֶן: יַרְדֵן בָּא!

אָבִי: שָׁלוֹם יַרְדֵן.

מִלּוֹן

base	בָּסִיס	name	שֵׁם
soldier	חַיָּל/חַיֶּלֶת	his	שֶׁלוֹ
before	לִפְנֵי	hers	שֶׁלָה
everyone	כָּל אֶחָד	brother	אָח
backpack	תִּיק גַב	sister	אָחוֹת
		army	צָבָא

יַרְדֵן: שָׁלוֹם אָבִי. מַה שְׁלוֹמְךָ?

אָבִי: טוֹב, תּוֹדָה, מַה שְׁלוֹמְךָ?

יַרְדֵן: בְּסֵדֶר, אֲנִי רוֹצֶה לִישׁוֹן.

אַבָּא: אַתָּה רוֹצֶה לֶאֱכוֹל אוֹ לִשְׁתּוֹת?

יַרְדֵן: אֲנִי לֹא רוֹצֶה לֶאֱכוֹל
וְלֹא רוֹצֶה לִשְׁתּוֹת.

אִמָא: מַה אַתָּה רוֹצֶה?

יַרְדֵן: אֲנִי רוֹצֶה לִישׁוֹן!

כֹּל הַמִשְׁפָּחָה: לַיְלָה טוֹב, יַרְדֵן.

יַרְדֵן: לַיְלָה טוֹב.

Sister, Brother, Cousin

Based on the story, answer each question by circling
כֵּן (yes) or לֹא (no)

אָח/אָחוֹת

1. יַרְדֵן אָח שֶׁל קֶרֶן? כֵּן / לֹא
2. קֶרֶן אָחוֹת שֶׁל אָבִי? כֵּן / לֹא
3. שָׁרוֹן אָחוֹת שֶׁל אָבִי? כֵּן / לֹא
4. אָבִי אָח שֶׁל יַרְדֵן? כֵּן / לֹא

בֶּן דוֹד/בַּת דוֹדָה

1. אָבִי בֶּן דוֹד שֶׁל קֶרֶן? כֵּן / לֹא
2. קֶרֶן בַּת דוֹדָה שֶׁל אָבִי? כֵּן / לֹא
3. שָׁרוֹן בַּת דוֹדָה שֶׁל אָבִי? כֵּן / לֹא
4. אָבִי בֶּן דוֹד שֶׁל יַרְדֵן? כֵּן / לֹא

His or Hers

Hers - שֶׁלָּה His - שֶׁלוֹ

Connect the Hebrew sentence to the matching English

This is his ball.	1. זֶה הָאָח שֶׁלוֹ.
Here is her taxi.	2. זֹאת אִמָּא שֶׁלָּה.
This is his brother.	3. זֶה הַכַּדּוּר שֶׁלוֹ.
Here is her bag.	4. הִנֵּה הַתִּיק שֶׁלָּה.
This is his hat.	5. זֶה הַכּוֹבַע שֶׁלוֹ.
This is her mother.	6. הִנֵּה הַמּוֹנִית שֶׁלָּה.

Our - שֶׁלָּנוּ	Your (f) - שֶׁלָּךְ	Your (m) - שֶׁלְּךָ	My - שֶׁלִּי

This is our house.	1. זֶה הַבָּסִיס שֶׁלִּי.
Here is your backpack.	2. הִנֵּה הַחֲנוּת שֶׁלָּנוּ.
Here is your bread.	3. זֹאת הַמִּסְעָדָה שֶׁלָּךְ.
This is my base.	4. זֶה הַבַּיִת שֶׁלָּנוּ.
Here is our store.	5. הִנֵּה תִּיק הַגַּב שֶׁלְּךָ.
This is your restaurant.	6. הִנֵּה הַלֶּחֶם שֶׁלְּךָ.

Yarden in the Army

Draw a line from each word to the matching part of the picture.

כּוֹבַע   דֶּגֶל

תִּיק גַּב   חַיָל

חַיֶּלֶת   מַיִם

טִיּוּל לַיַּעַר 4

The family goes on a hike together and has a picnic.

הַיּוֹם שַׁבָּת.

כֹּל הַמִשְׁפָּחָה בַּבַּיִת.

אָבִי: אֲנִי רוֹצֶה לִקְנוֹת סַנְדָּלִים.

קֶרֶן: אָבִי, הַיּוֹם שַׁבָּת. הַיּוֹם הַקַּנְיוֹן סָגוּר.

אָבִי: בְּאָמֶרִיקָה הַקַּנְיוֹן פָּתוּחַ בְּשַׁבָּת.

קֶרֶן: אֲבָל לֹא בְּיִשְׂרָאֵל.

אָבִי: אֶפְשָׁר לָלֶכֶת לַקַּנְיוֹן מָחָר?

קֶרֶן: כֵּן. מָחָר הַקַּנְיוֹן פָּתוּחַ.

אָבִי: אֲנִי רוֹצֶה לִקְנוֹת סַנְדָלִים שֶׁל יִשְׂרָאֵל.

קֶרֶן: בְּסֵדֶר, מָחָר אֶפְשָׁר לִקְנוֹת סַנְדָלִים.

אָבִי: מַה אֶפְשָׁר לַעֲשׂוֹת הַיּוֹם?

אַבָּא: הַיּוֹם אֶפְשָׁר לָלֶכֶת לְטִיּוּל.

אָבִי: אֲנִי אוֹהֵב לְטַיֵּל.

קֶרֶן: גַּם אֲנִי.

אִמָּא וְאַבָּא לוֹקְחִים תִּיק גָּדוֹל.
בַּתִּיק יֵשׁ מַיִם, בֵּיצִים, פֵּרוֹת, וְלַחְמָנִיּוֹת.

אָבִי: יֵשׁ פֹּה הַרְבֵּה אֹכֶל.

אִמָּא: כֵּן, אֲנַחְנוּ אוֹהֲבִים לֶאֱכוֹל אֲרוּחַת צָהֳרַיִם בַּטִּיּוּל.

אִמָּא, אַבָּא, קֶרֶן, אָבִי וְיַרְדֵּן נוֹסְעִים לְיַעַר גָּדוֹל.
בַּיַּעַר יֵשׁ הַרְבֵּה עֵצִים.

אַבָּא: אַתֶּם רוֹצִים לֶאֱכוֹל?

אִמָּא: אֶפְשָׁר לָשֶׁבֶת עַל יַד הָעֵץ הַגָּדוֹל.

מִלּוֹן

סָגוּר	closed	יַעַר	forest
פָּתוּחַ	open	עֵץ/עֵצִים	tree/trees
לַעֲשׂוֹת	to do	קֹדֶם	before
לְטַיֵּל	to hike	לוֹקְחִים	take(pl)
אֲרוּחַת צָהֳרַיִם	lunch	קַנְיוֹן	shopping mall

יַרְדֵן: אֲנִי רוֹצֶה מִיץ בְּבַקָשָׁה.

קֶרֶן: גַּם אֲנִי רוֹצָה מִיץ.

אָבִי: אֲנִי רוֹצֶה מַיִם בְּבַקָשָׁה.

אִמָא: עַכְשָׁו אֲנַחְנוּ אוֹכְלִים.

יַרְדֵן: יֵשׁ עוּגָה?

אִמָא: כֵּן, יֵשׁ עוּגָה, אֲבָל קוֹדֶם צָרִיךְ לֶאֱכוֹל לֶחֶם.

קֶרֶן: יֵשׁ לַחְמָנִיָה עִם גְּבִינָה?

אִמָא: כֵּן, הִנֵה לַחְמָנִיָה עִם גְּבִינָה.

אָבִי: יֵשׁ סָלָט יִשְׂרְאֵלִי?

אִמָא: כֵּן, יֵשׁ סָלָט.

אָבִי: עַכְשָׁו אֲנִי אוֹהֵב לֶאֱכוֹל סָלָט
גַּם בַּבֹּקֶר וְגַם בַּצָהֳרַיִם.

יַרְדֵן: וַאֲנִי אוֹהֵב לֶאֱכוֹל עוּגָה גַּם בַּבֹּקֶר וְגַם בַּצָהֳרַיִם.

Need or Want?

Circle the English verb that corresponds to the verb in Hebrew.

רוֹצֶה / רוֹצָה   צָרִיךְ / צְרִיכָה

Everyone needs/(wants) to play.   1. כֹּל אֶחָד רוֹצֶה לְשַׂחֵק

Do you want/need ice?   2. אַתְּ צְרִיכָה קֶרַח?

He needs/wants juice.   3. הוּא רוֹצֶה מִיץ.

She needs/wants to eat.   4. הִיא רוֹצָה לֶאֱכוֹל.

Everyone needs/wants water.   5. כֹּל אֶחָד צָרִיךְ מַיִם.

Do you need/want to eat?   6. אַתָּה רוֹצֶה לֶאֱכוֹל?

What's in Our Picnic Basket?

Circle the items below that belong in a picnic basket.

עוּגָה

לַחְמָנִיּוֹת   סַנְדָלִים

מַיִם   לֶחֶם

עֵצִים   עֲנָבִים

מִיץ   גְּבִינָה

סִירָה   בֵּיצִים

פֵּרוֹת   כַּדוּרְסַל   רֶגֶל   מֶלַח

Search and Circle

Circle the correct translation of the Hebrew word.

meal	noon	cheese	1. צָהֳרַיִם
open	closed	before	2. פָּתוּחַ
another	also	before	3. קֹדֶם
to hike	to write	to hear	4. לְטַיֵּל
closed	open	over	5. סָגוּר
always	later	everyone	6. כֹּל אֶחָד
to do	to play	to eat	7. לַעֲשׂוֹת
shop	forest	sea	8. יַעַר
egg	trip	tree	9. עֵץ
lunch	breakfast	dinner	10. אֲרוּחַת צָהֳרַיִם

5 הוֹלְכִים לַיָּם

The family goes to the beach and plays an Israeli game.

אִמָּא, אַבָּא, קֶרֶן, אָבִי וְיַרְדֵּן נוֹסְעִים לַיָּם.

הַיָּם כָּחוֹל וְיָפֶה.

חַם בַּחוֹף, אֲבָל בַּמַּיִם קַר.

יַרְדֵּן: אֲנִי אוֹהֵב לִהְיוֹת בַּמַּיִם.

אָבִי: כֵּן, כֵּיף בַּמַּיִם.

אָבִי, יַרְדֵּן וְקֶרֶן מְשַׂחֲקִים בַּמַּיִם.

אִמָּא: יֵשׁ פֹּה גְּלִידָה טוֹבָה.
אַתֶּם רוֹצִים לֶאֱכוֹל גְּלִידָה?

אַבָּא: קֹדֶם אֲנַחְנוּ רוֹצִים לְשַׂחֵק.

אִמָּא: הִנֵּה הַכַּדּוּר וְהַמַּטְקוֹת.

אַבָּא: יְלָדִים, אַתֶּם רוֹצִים לְשַׂחֵק?

קֶרֶן: כֵּן, יֵשׁ מַטְקוֹת?

אָבִי: מַה זֶה מַטְקוֹת?

קֶרֶן: מַטְקוֹת זֶה כְּמוֹ "פִּינְג פּוֹנְג",
אֲבָל בְּלִי שֻׁלְחָן.

אַבָּא: הִנֵּה כַּדּוּר וְהִנֵּה מַטְקוֹת.

יַרְדֵּן: גַּם אֲנִי רוֹצֶה לְשַׂחֵק.

אַבָּא: יֵשׁ לִי עוֹד כַּדּוּר וְעוֹד מַטְקוֹת.

קֶרֶן וְאָבִי מְשַׂחֲקִים.

גַּם אַבָּא וְיַרְדֵּן מְשַׂחֲקִים.

אָבִי: אוֹי, הַיָּד שֶׁלִּי!

קֶרֶן: מַה קָּרָה?

מִלּוֹן

arm/hand	יָד	table	שֻׁלְחָן
ice	קֶרַח	plays(m)	מְשַׂחֵק
ice cream	גְּלִידָה	plays(f)	מְשַׂחֶקֶת
beach	חוֹף	play(pl)	מְשַׂחֲקִים
to be	לִהְיוֹת	hurts(m)	כּוֹאֵב
paddle(s)	מַטְקָה/מַטְקוֹת	hurts(f)	כּוֹאֶבֶת

אָבִי: אֲנִי לֹא יָכוֹל לְשַׂחֵק.
הַיָּד שֶׁלִּי כּוֹאֶבֶת.

קֶרֶן: אִמָּא, אַבָּא, לְאָבִי כּוֹאֶבֶת הַיָּד!

אַבָּא: אָבִי, אַתָּה צָרִיךְ לָשֶׁבֶת עַכְשָׁו.
אַתָּה לֹא יָכוֹל לְשַׂחֵק.

קֶרֶן: אָבִי, אַתָּה רוֹצֶה קֶרַח?

אָבִי: לֹא, אֲנִי רוֹצֶה גְּלִידָה!

Alike or Opposite?

Draw a line to connect each word to its pair or to its opposite.

1. לְמַעְלָה	בֹּקֶר
2. קֹדֶם	לְמַטָּה
3. אָח	אַחַר-כָּךְ
4. יָד	פָּתוּחַ
5. סָגוּר	אָחוֹת
6. תּוֹדָה	לֹא
7. לֶאֱכוֹל	אֵין
8. כֵּן	בְּבַקָּשָׁה
9. יֵשׁ	לִשְׁתּוֹת
10. עֶרֶב	רֶגֶל

What Do You Say?

Write the number of the Hebrew word that
matches the English in each word bubble.

3. אֶפְשָׁר	2. אַחַר־כָּךְ	1. עַכְשָׁו
6. קֹדֶם	5. כָּל אֶחָד	4. מָחָר
9. אֵיפֹה	8. לִפְנֵי	7. כְּבָר

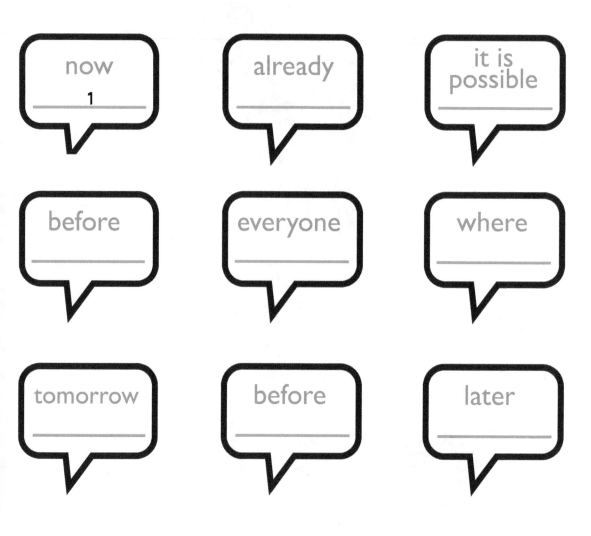

now
1

already

it is
possible

before

everyone

where

tomorrow

before

later

Ready to Play?

Write the number of the Hebrew sentence that describes each picture.

5

1. אָבִי מְשַׂחֵק כַּדוּרֶגֶל.

2. קֶרֶן מְשַׂחֶקֶת בְּכַּדוּר.

3. אָבִי וְקֶרֶן מְשַׂחֲקִים כַּדוּרְסַל.

4. אַבָּא וְיַרְדֵּן מְשַׂחֲקִים בְּמַטְקוֹת.

5. אִמָּא מְשַׂחֶקֶת פִּינְג פּוֹנְג.

כַּרְטִיס לָאוֹטוֹבּוּס 6

Avi, Keren, and Yarden take the bus to the mall.

הַיּוֹם יוֹם רִאשׁוֹן.

אָבִי: קֶרֶן, אֲנִי יָכוֹל לָלֶכֶת לַקַּנְיוֹן הַיּוֹם?

קֶרֶן: כֵּן, הַיּוֹם הַקַּנְיוֹן פָּתוּחַ.

אָבִי: אֶפְשָׁר לִנְסוֹעַ עִם אִמָּא אוֹ אַבָּא שֶׁלָּךְ?

קֶרֶן: לֹא, הַיּוֹם יוֹם רִאשׁוֹן.
הַיּוֹם הֵם הוֹלְכִים לָעֲבוֹדָה.

אָבִי: בְּאָמֶרִיקָה לֹא עוֹבְדִים בְּיוֹם רִאשׁוֹן.

קֶרֶן: אֲבָל בְּיִשְׂרָאֵל, יוֹם רִאשׁוֹן הוּא כְּמוֹ כֹּל יוֹם אַחֵר.

אָבִי: יֵשׁ מוֹנִית אוֹ אוֹטוֹבּוּס לַקַּנְיוֹן?

קֶרֶן: כֵּן, אֲנַחְנוּ נוֹסְעִים לַקַּנְיוֹן בְּאוֹטוֹבּוּס.

יַרְדֵן: גַּם אֲנִי נוֹסֵעַ הַיּוֹם בְּאוֹטוֹבּוּס.

אָבִי: לְאָן אַתָּה נוֹסֵעַ?

יַרְדֵן: אֲנִי נוֹסֵעַ לַבָּסִיס.

אָבִי, קֶרֶן וְיַרְדֵן הוֹלְכִים לָאוֹטוֹבּוּס.

אָבִי: כַּמָּה זֶה עוֹלֶה לִנְסוֹעַ בָּאוֹטוֹבּוּס?

קֶרֶן: אַתָּה לֹא צָרִיךְ לְשַׁלֵּם.

אָבִי: אֲבָל יֵשׁ לִי כֶּסֶף.

קֶרֶן: לֹא צָרִיךְ כֶּסֶף, יֵשׁ לִי "רַב קַו."

אָבִי: מַה זֶה רַב קַו?

מִלּוֹן

הוֹלְכִים	go(pl)	כֶּסֶף	money
עֲבוֹדָה	work	לְשַׁלֵּם	to pay
עוֹבְדִים	work(pl)	כַּרְטִיס/כַּרְטִיסִים	ticket(s)
לְאָן	where to	הוֹלֵךְ/הוֹלֶכֶת	go(m/f)
כַּמָּה	how much/how many	רַב קַו	bus pass
כַּמָּה זֶה עוֹלֶה	how much is it	מַדִּים	uniform

קֶרֶן:	זֶה כַּרְטִיס לְאוֹטוֹבּוּס. זֶה כְּמוֹ כֶּסֶף.
אָבִי:	זֶה כַּרְטִיס רַק לְאוֹטוֹבּוּס?
קֶרֶן:	כֵּן. זֶה רַק לִנְסוֹעַ בְּאוֹטוֹבּוּס.
אָבִי:	גַּם לְיַרְדֵן יֵשׁ רַב קַו?
יַרְדֵן:	לֹא, יֵשׁ לִי מַדִּים!
אָבִי:	חַיָּל לֹא צָרִיךְ לְשַׁלֵּם בָּאוֹטוֹבּוּס?
יַרְדֵן:	לֹא, לְחַיָּל זֶה לֹא עוֹלֶה כֶּסֶף.
קֶרֶן:	גַּם אֲנִי רוֹצָה לִהְיוֹת בַּצָּבָא!

Keren got me on the bus with a swipe of this card. And Yarden got to go for free!

Where Do You Go?

Write the location for the person, people or animal on each line.

1. אָבִי, קֶרֶן וְיַרְדֵן הוֹלְכִים לַ יָם ________ .

2. גָמָל הוֹלֵךְ בַּ ________________ .

3. הַמִשְׁפָּחָה הוֹלֶכֶת לַ ____________ .

4. אִמָא וְאַבָּא הוֹלְכִים לַ ____________ .

5. אָבִי וְקֶרֶן הוֹלְכִים לַ ____________ .

6. הַחַיָל הוֹלֵךְ לַ ________________ .

טִיוּל

קַנְיוֹן

בָּסִיס

עֲבוֹדָה

מִדְבָּר

יָם

How Much Does It Cost? (in Israeli shekels - ₪)

You have 200 shekels. What will you buy?

בֶּגֶד-יָם ____

כַּדּוּר ____

מַמְתַקִים ____

סַנְדָלִים ____

כּוֹבַע ____

טֶלֶפוֹן ____

מַיִם ____

מִיץ ____

קָפֶה ____

לַחְמָנִיָּה ____

עוּגָה ____

גְלִידָה ____

Total ____

How Much Is a Bus Ticket?

(in Israeli shekels - ₪)

Using the map below, check the ticket prices and guess how much a ticket would cost to each destination. The shorter the route, the less expensive.

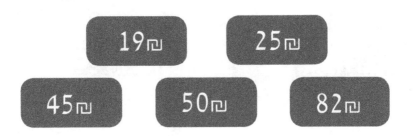

19₪	25₪	
45₪	50₪	82₪

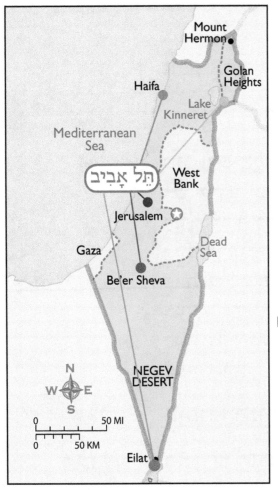

תֵּל אָבִיב - יְרוּשָׁלַיִם ____ ₪

תֵּל אָבִיב - חֵיפָה ______ ₪

תֵּל אָבִיב - אֵילַת ______ ₪

תֵּל אָבִיב - בְּאֵר שֶׁבַע ______ ₪

תֵּל אָבִיב - גּוֹלָן ______ ₪

בַּקְנְיוֹן 7

Avi and Keren go shopping at the mall.

קֶרֶן: אָבִי, אַתָּה רוֹצֶה לָלֶכֶת לַקַנְיוֹן?

אָבִי: כֵּן, אֲנִי רוֹצֶה לִקְנוֹת סַנְדָּלִים שֶׁל יִשְׂרָאֵל.

קֶרֶן: טוֹב, יֵשׁ בַּקַנְיוֹן חֲנוּת שֶׁל סַנְדָּלִים.
אָבִי וְקֶרֶן בָּאִים לַקַנְיוֹן.
הֵם רוֹאִים הַרְבֵּה חֲנוּיוֹת:
חֲנוּת שֶׁל בְּגָדִים.
חֲנוּת שֶׁל עוּגוֹת.
חֲנוּת שֶׁל מַתָּנוֹת.
חֲנוּת שֶׁל תִּיקִים.
חֲנוּת סְפּוֹרְט.

אָבִי: אֵיפֹה הַחֲנוּת שֶׁל סַנְדָּלִים?

קֶרֶן: כָּאן יֵשׁ חֲנוּת שֶׁל סַנְדָּלִים.

אָבִי: יֵשׁ לִי שָׁלוֹשׁ מֵאוֹת שֶׁקֶל.
אֶפְשָׁר לִקְנוֹת סַנְדָלִים בְּפָחוֹת כֶּסֶף?

קֶרֶן: יֵשׁ בְּיוֹתֵר כֶּסֶף וְיֵשׁ בְּפָחוֹת כֶּסֶף.

אָבִי: כַּמָּה עוֹלִים הַסַּנְדָלִים הָאֵלֶּה?

קֶרֶן: הֵם עוֹלִים מֵאָה תִּשְׁעִים וְחָמֵשׁ שֶׁקֶל.

אָבִי: טוֹב, אֲנִי קוֹנֶה אֶת הַסַּנְדָלִים הָאֵלֶּה.

קֶרֶן: אָבִי, אַתָּה רוֹצֶה לֶאֱכוֹל?

אָבִי: כֵּן, מַה יֵשׁ פֹּה לֶאֱכוֹל?

קֶרֶן: יֵשׁ פֹּה הַרְבֵּה מִסְעָדוֹת.
יֵשׁ פָלָאפֶל, יֵשׁ פִּיצָה, יֵשׁ סָלָט וְיֵשׁ שַׁוָוארְמָה.

מִלּוֹן

חֲנוּת/חֲנוּיוֹת	store(s)	רַק	only
מֵאָה/מֵאוֹת	hundred(s)	בָּשָׂר	meat
כָּאן	here	חָדָשׁ/חֲדָשָׁה	new(m/f)
פָּחוֹת	less	עוֹלִים	cost(pl)
יוֹתֵר	more		

אָבִי: מַה זֶה שַׁוַוארְמָה?

קֶרֶן: זֶה כְּמוֹ טַקוֹ אוֹ כְּמוֹ פָלָאפֶל.

אָבִי: עִם לֶחֶם אוֹ עִם לַחְמָנִיָּה?

קֶרֶן: לֹא. זֶה בָּשָׂר בְּפִיתָה.

אָבִי: טוֹב. אֲנִי רוֹצֶה לֶאֱכוֹל אֹכֶל חָדָשׁ.
אֲנִי רוֹצֶה שַׁוַוארְמָה!

Food or Sports Store

Draw a line from each item to where it would be found, the restaurant or the sporting goods store.

גְלִידָה	לַחְמָנִיָה
כַּדּוּרְסַל	בֵּיצָה
פִּיצָה	תִּיק גַב
בֶּגֶד יָם	לֶחֶם
סָלָט	פָּלָאפֶל
גְבִינָה	כּוֹבַע
דָגִים	כַּדּוּרֶגֶל
מַטְקוֹת	פֵּרוֹת

מִסְעָדָה

חֲנוּת סְפּוֹרְט

More or Less

For each pair of stores, write פָּחוֹת under the less
expensive store and יוֹתֵר under the more expensive one.

פָּחוֹת אוֹ יוֹתֵר

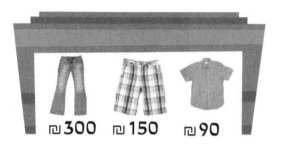

₪300 ₪150 ₪90

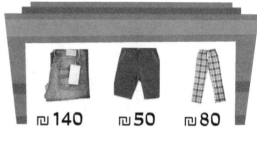

₪140 ₪50 ₪80

_____ _____פָּחוֹת_____

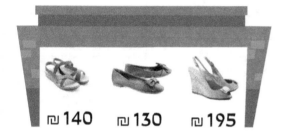

₪140 ₪130 ₪195

₪45 ₪95 ₪100

_____ _____

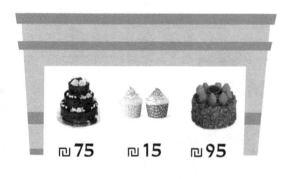

₪75 ₪15 ₪95

₪140 ₪215 ₪25

_____ _____

₪450 ₪600 ₪520

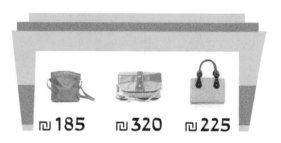

₪185 ₪320 ₪225

_____ _____

A Perfect Fit

Circle the correct form of the word to complete each sentence.
Then read your sentence aloud.

1. אַתָּה רוֹצֶה/רוֹצָה לָלֶכֶת לַקַּנְיוֹן?

2. קֶרֶן צָרִיךְ/צְרִיכָה לִקְנוֹת כַּרְטִיס.

3. אִמָּא הוֹלֵךְ/הוֹלֶכֶת לָעֲבוֹדָה.

4. אַבָּא וְיַרְדֵּן מְשַׂחֵק/מְשַׂחֲקִים בַּכַּדּוּר.

5. אָבִי וְקֶרֶן אוֹכְלִים/אוֹכְלוֹת גְּלִידָה.

6. הַיָּד שֶׁלוֹ כּוֹאֵב/כּוֹאֶבֶת.

7. הֵם קוֹנִים/קוֹנוֹת סַנְדָּלִים.

8. יַרְדֵּן נוֹסֵעַ/נוֹסַעַת בְּאוֹטוֹבּוּס.

9. אַתֶּם גָּרָה/גָּרִים בְּתֵל אָבִיב?

8 בַּקּוֹלְנוֹעַ

Avi and Keren go to the movies.

קֶרֶן: אָבִי, אַתָּה רוֹצֶה לָלֶכֶת לַקּוֹלְנוֹעַ?

אָבִי: קוֹלְנוֹעַ זֶה מָקוֹם לִרְאוֹת סֶרֶט?

קֶרֶן: כֵּן, בַּקּוֹלְנוֹעַ יֵשׁ הַרְבֵּה סְרָטִים.

אָבִי: טוֹב, אֲנִי רוֹצֶה לִרְאוֹת סֶרֶט.

קֶרֶן: גַּם אֲנִי.

אָבִי: סֶרֶט בְּעִבְרִית אוֹ סֶרֶט בְּאַנְגְלִית?

קֶרֶן: הַסֶּרֶט הוּא בְּאַנְגְלִית, אֲבָל יֵשׁ תַּרְגּוּם בְּעִבְרִי

אָבִי: מַה שֵּׁם הַסֶּרֶט?

קֶרֶן: שֵׁם הַסֶּרֶט "גוֹדְזִילָה."

אָבִי: מַה עוֹד יֵשׁ?

קֶרֶן: יֵשׁ סֶרֶט "סְפַּיידֶרְמַן."

אָבִי: אַתְּ רוֹצָה לִרְאוֹת אֶת "סְפַּיידֶרְמַן"?

קֶרֶן: כֵּן.

אָבִי: יוֹפִי, גַּם אֲנִי רוֹצֶה לִרְאוֹת אֶת הַסֶּרֶט הַזֶּה.

קֶרֶן: אִמָּא, אַבָּא, אֲנַחְנוּ הוֹלְכִים לִרְאוֹת סֶרֶט.

אִמָּא: טוֹב, אֲנִי קוֹנָה שְׁנֵי כַּרְטִיסִים.

קֶרֶן: תּוֹדָה אִמָּא.

קֶרֶן וְאָבִי הוֹלְכִים לַקּוֹלְנוֹעַ.

קֶרֶן: אֲנִי רוֹצָה לִקְנוֹת פּוֹפְּקוֹרְן.

אָבִי: אֲנִי רוֹצֶה לְשַׁלֵּם!

קֶרֶן: תּוֹדָה אָבִי.

הֵם יוֹשְׁבִים בַּקּוֹלְנוֹעַ וְאוֹכְלִים פּוֹפְּקוֹרְן.

מִלּוֹן

קוֹלְנוֹעַ	movie theater	אוֹמְרִים	say(pl)
תַּרְגּוּם	translation	כֹּל כָּךְ	so much
סֶרֶט/סְרָטִים	movie(s)	עִבְרִית	Hebrew
זְמָן	time	אַנְגְּלִית	English
דַּקָּה/דַּקּוֹת	minute(s)	יוֹשְׁבִים	sit(pl)

אָבִי: עוֹד כַּמָּה זְמַן הַסֶּרֶט?

קֶרֶן: עוֹד חָמֵשׁ דַּקּוֹת.

אָבִי: אַתְּ קוֹרֵאת אֶת הַתַּרְגּוּם בַּסֶּרֶט?

קֶרֶן: כֵּן, אֲנִי צְרִיכָה לִקְרוֹא בְּעִבְרִית,
כִּי אֲנִי לֹא יוֹדַעַת מַה הֵם אוֹמְרִים.

אָבִי: אֲנִי לֹא קוֹרֵא עִבְרִית כֹּל כָּךְ מַהֵר.

קֶרֶן: אֲנִי לֹא קוֹרֵאת אַנְגְּלִית כֹּל כָּךְ מַהֵר.

Fun Places to Be

Draw a line to connect each sentence
to its matching picture.

כֵּיף לִהְיוֹת בַּקוֹלְנוֹעַ	טוֹב לִהְיוֹת בַּבַּיִת
כֵּיף לִהְיוֹת בְּטִיוּל	כֵּיף לִהְיוֹת בַּיָּם
כֵּיף לִהְיוֹת בְּאוֹטוֹבּוּס	טוֹב לִהְיוֹת בַּמִּדְבָּר
טוֹב לִהְיוֹת בְּמִסְעָדָה	כֵּיף לִהְיוֹת בַּיַּעַר

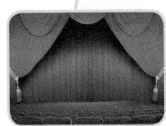

מַה הַשָּׁעָה?

הַשָּׁעָה שָׁלוֹשׁ וְאַרְבָּעִים דַּקּוֹת.

יֵשׁ בְּשָׁעָה שִׁשִּׁים דַּקּוֹת.

Draw a line to connect each sentence to its matching picture.

1. הַשָּׁעָה עֶשֶׂר וְאַרְבָּעִים דַּקּוֹת.
2. הַשָּׁעָה שְׁמוֹנֶה וְשֶׁבַע דַּקּוֹת.
3. הַשָּׁעָה שֵׁשׁ וְעֶשְׂרִים.
4. הַשָּׁעָה שֶׁבַע וַחֲמִשִּׁים.
5. הַשָּׁעָה חָמֵשׁ וּשְׁלוֹשִׁים.
6. הַשָּׁעָה תֵּשַׁע חֲמִשִּׁים וְחָמֵשׁ.
7. הַשָּׁעָה שָׁלוֹשׁ וְחָמֵשׁ דַּקּוֹת.
8. הַשָּׁעָה אַרְבַּע וְעֶשְׂרִים.

Name that Movie

Translate the following movie titles.

קוֹלְנוֹעַ

"יַם הַקֶּרַח"

Sea of Ice

____

"הַבַּיִת הַסָּגוּר"

____

"אֵין אֲנָשִׁים בַּשּׁוּק"

____

"חֶדֶר אָדוֹם בַּבַּיִת הַלָּבָן"

____

"אוֹטוֹבּוּס בַּמִּדְבָּר"

____

"הַשֻּׁלְחָן הַגָּדוֹל"

____

"עִיר הַכֶּסֶף"

____

"מַתָּנָה חֲדָשָׁה"

____

מִיָּם לְיָם

Avi and his family decide to go on a bicycle trip across
the width of the entire country–from Sea to Sea!

אַבָּא:	אָבִי, קֶרֶן, אַתֶּם רוֹצִים לִנְסוֹעַ מָחָר לְטִיּוּל?
אָבִי:	כֵּן, אֲנִי אוֹהֵב לִרְאוֹת הַרְבֵּה מְקוֹמוֹת.
קֶרֶן:	גַּם אֲנִי אוֹהֶבֶת לְטַיֵּיל.
אַבָּא:	אַתֶּם רוֹצִים לִנְסוֹעַ לְטִיּוּל בְּאוֹפַנַּיִם?
אָבִי:	כֵּן. כֵּיף לִנְסוֹעַ בְּאוֹפַנַּיִם.
קֶרֶן:	יֵשׁ לִי אוֹפַנַּיִם וְגַם לְאַבָּא יֵשׁ אוֹפַנַּיִם.
אַבָּא:	אָבִי יָכוֹל לִנְסוֹעַ בָּאוֹפַנַּיִם שֶׁל יַרְדֵּן.
אָבִי:	טוֹב, תּוֹדָה.
אִמָּא:	צָרִיךְ לָקַחַת כּוֹבַע וְהַרְבֵּה מַיִם.

קֶרֶן: צָרִיךְ לָקַחַת גַּם אֹכֶל.

אָבִי: לְאָן אֲנַחְנוּ נוֹסְעִים?

אַבָּא: יֵשׁ טִיּוּל "מִיָּם לְיָם."

אָבִי: מַה זֶה מִיָּם לְיָם?

אַבָּא: זֶה טִיּוּל מֵהַיָּם-הַתִּיכוֹן לְיַם כִּנֶּרֶת.

קֶרֶן: צָרִיךְ לִנְסוֹעַ מֵחֵיפָה, לַעֲלוֹת לְהַר אַרְבֵּל, וְלָרֶדֶת לְיַם כִּנֶּרֶת.

אָבִי: אֶפְשָׁר לַעֲלוֹת לְהַר אַרְבֶּל בְּאוֹפַנַּיִם?

אַבָּא: לֹא, זֶה הַר גָּדוֹל.

קֶרֶן: צָרִיךְ לַעֲלוֹת בָּרֶגֶל עַל הָהָר וְאַחַר-כָּךְ לָרֶדֶת בְּאוֹפַנַּיִם לְיַם כִּנֶּרֶת.

אָבִי: כַּמָּה זְמַן נוֹסְעִים בַּטִּיּוּל?

אַבָּא: כֹּל הַיּוֹם!

מִלּוֹן

לְטַיֵּל	to travel	אֶחָד	one
אוֹפַנַּיִם	bicycle	אֶרֶץ	land
לָקַחַת	to take	בָּרֶגֶל	on foot
הַיָּם הַתִּיכוֹן	Mediterranean Sea	מְקוֹמוֹת	places
יַם כִּנֶּרֶת	Sea of Galilee	יֵשׁ לָנוּ	we have
לַעֲלוֹת	to go up	יַם הַמֶּלַח	Dead Sea
לָרֶדֶת	to go down	יַם סוּף	Red Sea

אָבִי: יוֹם אֶחָד?

אַבָּא: כֵּן, יוֹם אֶחָד.

אָבִי: רַק יוֹם אֶחָד מִיָּם לְיָם?

קֶרֶן: כֵּן. יֵשׁ לָנוּ אֶרֶץ קְטַנָּה.

אַבָּא: אֲבָל יֵשׁ לָנוּ אֶרֶץ יָפָה!

Hi Mom & Dad,
I went on a great bicycle/ walking trip today with our amazing cousins! We went on a trip called "Sea to Sea." We went across the entire country of Israel from the Mediterranean Sea to the Sea of Galilee—ALL IN ONE DAY!!

Small Country – Many Seas

Write the number of the seas inside the correct circles.

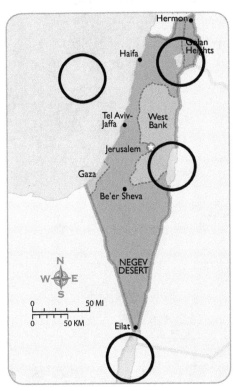

1. יַם הַמֶּלַח/Dead Sea

2. הַיָּם הַתִּיכוֹן/Mediterranean Sea

3. יַם כִּנֶּרֶת/Sea of Galilee

4. יַם סוּף/Red Sea

Hint: Look back at the map on page 39

What Is There?

In each sentence below, fill in the blanks with יֵשׁ רַק.
Then read the complete sentences aloud.

1. אֵין מִיץ. _____ _____ מַיִם.

2. אֵין אוֹטוֹבּוּס. _____ _____ אוֹפַנַּיִם.

3. אֵין גְּלִידָה. _____ _____ קֶרַח.

4. אֵין מַטְקוֹת. _____ _____ כַּדּוּר.

Trip Highlights

Complete each sentence with one of the verbs below.

לַעֲלוֹת	לָרֶדֶת	לִנְסוֹעַ	לְטַיֵּל
לְשַׁלֵּם	לֶאֱכוֹל	לְשַׂחֵק	לָקַחַת

צָרִיךְ ___לָקַחַת___ מַיִם.

to take

כֵּיף ______ בְּמַטְקוֹת.

to play

אֶפְשָׁר ______ לַכִּנֶּרֶת.

to go down

צָרִיךְ ______ לְהַר אַרְבֵּל.

to go up

יוֹפִי ______ בְּאוֹפַנַּיִם.

to travel

כֵּיף ______ בַּיַּעַר.

to hike

כֵּיף ______ גְּלִידָה.

to eat

צָרִיךְ ______ בָּאוֹטוֹבּוּס.

to pay

Who Does What?

Draw a line from the correct form of the verb
to complete the sentences.

1. אָבִי ______ בְּאוֹפַנַּיִם.	נוֹסֵעַ לִנְסוֹעַ	אָבִי רוֹצֶה ______ לְטִיּוּל.
2. קֶרֶן ______ כַּרְטִיס.	לִקְנוֹת קוֹנָה	קֶרֶן רוֹצָה ______ גְּלִידָה.
3. אַבָּא ______ סָלָט	לֶאֱכוֹל אוֹכֵל	אַבָּא אוֹהֵב ______ בָּשָׂר.
4. יַרְדֵּן ______ לַצָּבָא.	הוֹלֵךְ לָלֶכֶת	יַרְדֵּן צָרִיךְ ______ לַבָּסִיס.
5. אָבִי ______ אֶת הַיָּם.	רוֹאֶה לִרְאוֹת	אָבִי אוֹהֵב ______ אֶת הָאָרֶץ.
6. אַבָּא לֹא ______ בְּשַׁבָּת.	לַעֲבוֹד עוֹבֵד	אַבָּא צָרִיךְ ______.
7. אִמָּא ______ אֲרוּחַת בֹּקֶר.	עוֹשָׂה לַעֲשׂוֹת	אִמָּא צְרִיכָה ______ אֹכֶל.
8. קֶרֶן יְכוֹלָה ______ מַהֵר.	לִקְרוֹא קוֹרֵאת	קֶרֶן ______ תַּרְגּוּם בְּעִבְרִית.

מִלוֹן

א

אַבָּא	father
אֲבָל	but
אָדוֹם	red
אוֹ	or
אוֹהֵב / אוֹהֶבֶת	likes, loves (m/f)
אוֹהֲבִים / אוֹהֲבוֹת	like, love (m/f pl)
אוֹטוֹבּוּס	bus
אוֹכֵל / אוֹכֶלֶת	eat (m/f)
אוֹכְלִים / אוֹכְלוֹת	eat (m/f pl)
אוֹמְרִים	say (pl)
אוֹפַנַּיִם	bicycle
אָח	brother
אֶחָד	one (m)
אָחוֹת	sister
אַחֵר	another, different
אַחַר-כָּךְ	later
אַחַת	one (f)
אֵין	there is/are not
אֵין לִי	I don't have
אֵיפֹה	where
אֹכֶל	food
אִמָּא	mother
אַנְגְּלִית	English
אֲנַחְנוּ	we
אֲנִי	I
אֲנָשִׁים	people
אֶפֶס	zero
אֶפְשָׁר	it is possible
אַרְבַּע	four
אַרְבָּעִים	forty
אֲרוּחַת בֹּקֶר	breakfast
אֲרוּחַת צָהֳרַיִם	lunch
אֲרוּחַת עֶרֶב	dinner
אֶרֶץ	land
אַתְּ	you (f)
אַתָּה	you (m)
אַתֶּם	you (pl)

ב

בְּ, בַּ	in, in the
בָּא / בָּאָה	comes (m/f)
בָּאִים / בָּאוֹת	come (m/f pl)
בְּבַקָּשָׁה	please
בְּגָדִים	clothes
בֶּגֶד-יָם	bathing suit
בֵּיצָה / בֵּיצִים	egg(s)
בַּיִת / בָּתִּים	house(s)
בֵּית-סֵפֶר	school
בְּלִי	without

Vocabulary

cousin (m/f)	בֶּן-דוֹד / בַּת-דוֹדָה
okay, all right	בְּסֵדֶר
base	בָּסִיס
morning	בֹּקֶר
by foot	בָּרֶגֶל
at ___ o'clock	בְּשָׁעָה
meat	בָּשָׂר

ג

cheese	גְּבִינָה
big (m/f)	גָּדוֹל / גְּדוֹלָה
ice cream	גְּלִידָה
also	גַּם
camel(s)	גָּמָל / גְּמַלִּים
garden	גַּן
lives (m/f)	גָּר / גָּרָה
live (m/f pl)	גָּרִים / גָּרוֹת

ד

fish	דָּג, דָּגִים
flag	דֶּגֶל
uncle/aunt	דּוֹד / דּוֹדָה
apartment(s)	דִּירָה / דִּירוֹת
minute(s)	דַּקָּה / דַּקּוֹת

ה

the	הַ
he	הוּא
goes (m/f)	הוֹלֵךְ / הוֹלֶכֶת
go (m/f pl)	הוֹלְכִים / הוֹלְכוֹת
she	הִיא
today	הַיּוֹם
Mediterranean Sea	הַיָּם הַתִּיכוֹן
them	הֵם
here is/are	הִנֵּה
mountain	הַר
many, a lot	הַרְבֵּה

ו

and	וְ

ז

this (is) (m/f)	זֶה / זֹאת
time	זְמַן

ח

friend, member (m/f)	חָבֵר / חֲבֵרָה
friends, members (m/f pl)	חֲבֵרִים /חֲבֵרוֹת
room	חֶדֶר
new (m/f)	חָדָשׁ / חֲדָשָׁה
beach	חוֹף

Red Sea .... יַם סוּף

forest .... יַעַר

nice, pretty (m/f) .... יָפֶה / יָפָה

nice, pretty (m/f pl) .... יָפִים / יָפוֹת

there is/are .... יֵשׁ

I have .... יֵשׁ לִי

we have .... יֵשׁ לָנוּ

Israeli .... יִשְׂרְאֵלִי

כ

here .... כָּאן

already .... כְּבָר

ball .... כַּדּוּר

football, soccer .... כַּדּוּרֶגֶל

basketball .... כַּדּוּרְסַל

hurts (m/f) .... כּוֹאֵב / כּוֹאֶבֶת

hat .... כּוֹבַע

blue .... כָּחוֹל

because .... כִּי

fun .... כֵּיף

each, every .... כָּל

everyone .... כֹּל אֶחָד

so, so much .... כֹּל כָּךְ

how much/how many .... כַּמָּה

how much is it .... כַּמָּה זֶה עוֹלֶה

like, as .... כְּמוֹ

yes .... כֵּן

money .... כֶּסֶף

ticket(s) .... כַּרְטִיס / כַּרְטִיסִים

soldier (m/f) .... חַיָּל / חַיֶּלֶת

milk .... חָלָב

warm, hot .... חַם

five .... חָמֵשׁ

fifty .... חֲמִשִּׁים

store(s) .... חֲנוּת / חֲנוּיוֹת

ט

good (m/f) .... טוֹב / טוֹבָה

trip .... טִיּוּל

י

hand .... יָד

knows (m/f) .... יוֹדֵעַ / יוֹדַעַת

Thursday .... יוֹם חֲמִישִׁי

Sunday .... יוֹם רִאשׁוֹן

Wednesday .... יוֹם רְבִיעִי

Monday .... יוֹם שֵׁנִי

Tuesday .... יוֹם שְׁלִישִׁי

Friday .... יוֹם שִׁשִּׁי

beauty, great! .... יוֹפִי

sit (pl) .... יוֹשְׁבִים

more .... יוֹתֵר

can (m/f) .... יָכוֹל / יְכוֹלָה

boy/girl .... יֶלֶד / יַלְדָּה

children, boys .... יְלָדִים

sea .... יָם

Sea of Galilee .... יַם כִּנֶּרֶת

Dead Sea .... יַם-הַמֶּלַח

ל

to	לְ
no	לֹא
to eat	לֶאֱכוֹל
where to	לְאָן
white	לָבָן
to be	לִהְיוֹת
see you again	לְהִתְרָאוֹת
take (pl)	לוֹקְחִים
bread	לֶחֶם
rolls	לַחְמָנִיּוֹת
to travel	לְטַיֵּל
to me	לִי
night	לַיְלָה
to sleep	לִישׁוֹן
to you (m)	לְךָ
to write	לִכְתּוֹב
to go, to walk	לָלֶכֶת
down	לְמַטָּה
to travel	לִנְסוֹעַ
to go up	לַעֲלוֹת
to do	לַעֲשׂוֹת
before	לִפְנֵי
to take	לָקַחַת
to buy	לִקְנוֹת
to read	לִקְרֹא
to see	לִרְאוֹת
to go down	לָרֶדֶת
to sit	לָשֶׁבֶת
to play	לְשַׂחֵק
to put	לָשִׂים
to pay	לְשַׁלֵּם
to hear	לִשְׁמוֹעַ
to drink	לִשְׁתּוֹת

מ

from	מִ
very	מְאֹד
hundred(s)	מֵאָה / מֵאוֹת
desert	מִדְבָּר
uniform	מַדִּים
what	מַה
what happened	מַה קָּרָה
how are you (m/f)	מַה שְׁלוֹמְךָ / מַה שְׁלוֹמֵךְ
how are you (pl)	מַה שְׁלוֹמְכֶם
fast	מַהֵר
taxi	מוֹנִית
tomorrow	מָחָר
kitchen	מִטְבָּח
paddle(s)	מַטְקָה / מַטְקוֹת
who	מִי
water	מַיִם
juice	מִיץ
salt	מֶלַח
restaurant	מִסְעָדָה
number	מִסְפָּר

place(s), space(s)	מָקוֹם / מְקוֹמוֹת
plays (m/f)	מְשַׂחֵק / מְשַׂחֶקֶת
play (m/f pl)	מְשַׂחֲקִים / מְשַׂחֲקוֹת
family/families	מִשְׁפָּחָה / מִשְׁפָּחוֹת
gift(s)	מַתָּנָה / מַתָּנוֹת

נ

travels (m/f)	נוֹסֵעַ / נוֹסַעַת
travel (m/f pl)	נוֹסְעִים / נוֹסְעוֹת
pleased to meet you	נָעִים מְאֹד

ס

grandfather	סַבָּא
grandmother	סַבְתָּא
closed	סָגוּר
boat	סִירָה
salad	סָלָט
sandals	סַנְדָּלִים
movie(s)	סֶרֶט / סְרָטִים

ע

work	עֲבוֹדָה
Hebrew	עִבְרִית
works (m/f)	עוֹבֵד / עוֹבֶדֶת
work (pl)	עוֹבְדִים / עוֹבְדוֹת
cake(s)	עוּגָה / עוּגוֹת
more, another	עוֹד
goes up	עוֹלֶה
city	עִיר
now	עַכְשָׁו
on	עַל
next to	עַל יַד
with	עִם
grapes	עֲנָבִים
tree(s)	עֵץ / עֵצִים
evening	עֶרֶב
ten	עֶשֶׂר
twenty	עֶשְׂרִים

פ

here	פֹּה
less	פָּחוֹת
fruit(s)	פְּרִי / פֵּרוֹת
crispy rice	פְּצְפּוּצֵי אֹרֶז
open	פָּתוּחַ

צ

army	צָבָא
noon	צָהֳרַיִם
needs (m/f)	צָרִיךְ / צְרִיכָה

ק

before	קֹדֶם
movie theater	קוֹלְנוֹעַ
buys (m/f)	קוֹנֶה / קוֹנָה
buy (m/f pl)	קוֹנִים / קוֹנוֹת
reads (m/f)	קוֹרֵא / קוֹרֵאת
read (m/f pl)	קוֹרְאִים / קוֹרְאוֹת

small (m/f)	קָטָן / קְטַנָּה
shopping mall	קַנְיוֹן
coffee	קָפֶה
cold	קַר
ice	קֶרַח

ר

head	רֹאשׁ
leg	רֶגֶל
sees (m/f)	רוֹאֶה / רוֹאָה
see (m/f pl)	רוֹאִים / רוֹאוֹת
wants (m/f)	רוֹצֶה / רוֹצָה
want (m/f pl)	רוֹצִים / רוֹצוֹת
only	רַק

ש

seven	שֶׁבַע
market	שׁוּק
song(s)	שִׁיר / שִׁירִים
of, belonging to	שֶׁל
hers	שֶׁלָּה
his	שֶׁלּוֹ
hello, good-bye, peace	שָׁלוֹם
three	שְׁלוֹשׁ
three hundred	שְׁלוֹשׁ מֵאוֹת
thirty	שְׁלוֹשִׁים
table	שֻׁלְחָן
my, mine	שֶׁלִּי
your(s) (m/f)	שֶׁלְּךָ / שֶׁלָּךְ
our	שֶׁלָּנוּ
name	שֵׁם
eight	שְׁמוֹנֶה
hour	שָׁעָה
sings (m/f)	שָׁר / שָׁרָה
six	שֵׁשׁ
two	שְׁתַּיִם

ת

tea	תֵּה
thank you	תּוֹדָה
bag, backpack	תִּיק
backpack	תִּיק גַּב
give me (m/f)	תֵּן לִי / תְּנִי לִי
prayer(s)	תְּפִילָּה / תְּפִילּוֹת
translation	תַּרְגּוּם

The publisher gratefully acknowledges the following
sources of photographs and graphic images:
B=bottom, C=center, R=right, L= left, T=Top

COVER: Shutterstock: TonyV3112 B, ChameleonsEye T INTERIOR: Jim McMahon 39,
55; Shutterstock: Brocreative 8BR, CR, Alexander Mak 8TR, Nicholas Piccillo 8CL, Oleg
Mikhaylov 8BL, Mirek Kijewski 8TL, Alice Kirichenko 9TL, urfin 9(gift), DenisNata 9(bag)
irin-k 9(ball), PhotoBalance 9(cap), Fedorov Oleksiy 9(mug), studioVin 9 BL, Karramba
Production 9 BR, rangizzz 12,36,42,54, Igor Klimov 10BR, 13(6), Tobik 10C, 13(11) Nir
Darom 10L, 13(8), Fanfo 12, Rob Byron 13(1), Seregam 13(2), Schubbel 13(3), Brian A Jackson
13(4), andersphoto13(5), Shebeko 13(7) Miguel Garcia Saavedra 13(9), svry 13(10), haveseen
13(12), Fotofermer 14L, aperturesound 14 R, APutin 22, rolkadd 26, angelo gilardelli 28R,
GrashAlex 28L, StudioIcon 32, Yael Gardner 36, Styve Reineck 37BC, Shutterstock.com37T-
CR, 06photo 37BR, My Good Images 37TR, Ryan Rodrick Beiler 37TL, Iakov Kalinin 37BL,
Michael C. Gray 38R(1), M. Unal Ozmen R(2) Galushko Sergey 38R(3), Everything 38R(4),
(Arancio 38 R(5), Moving Moment 38R(6), dmitriylo 38L(1), Kasin Visrutavanij, 38L(2,5
Passakorn sakulphan 38L(3), Horatiu Bota 38L(4), ratmaner 38L(6), studioVin 38Shevel Artur,
42, Chiyacat 44(a) Mindscape studio 44(b), Richard Peterson 44(c), Kuzma 44(dSandratsky
Dmitriy 44(e), Ruslan Kudrin 44(f), topnatthapon 44(g), Nadiia Korol 44(h,i), Karkas 44(j,k),
siamionau pavel 44(l), Margo Harrison 44(m,r), Ruth Black 44(n), 33333 44(o), Hintau Aliaksei
44(p), Sergio33 44(q), Simone Andress 44(s), istanbul_image_video 44(t,x), LT44(u), cocoo
44(v), suradech sribuanoy 44(w), Bayanova Svetlana 48R, Studio DMM Photography, Designs
& Art 48L, Iriana Shiyan 49TR, Iakov Kalinin 49CR, Art Konovalov / Shutterstock.com 49BR,
Mammut Vision 49TC, Petar Djordjevic 49 BC, Pakhnyushchy 49BL, My Good Images 49CL,
Radiokafka / Shutterstock.com 49TL, Pavel Bernshtam 54, Rob Byron 56TR,M. Unal Ozmen
56BR, Robert Hoetink 56CR